當你獨自一人的時候，
如果遇上了地震該怎麼辦？
周遭的環境會變成什麼樣子呢？
該怎麼做才好呢？

地震防災繪本

地震了！
這個時候該怎麼辦？

文：國崎信江　圖：福田岩緒　監修：目黑公郎　翻譯：鄧吉兒　審訂：溫國樑

用手護住頭，頭和手之間保留一些空間

將身體捲成球狀

這是森丘小學的一年一班。

今天，大家學了地震時保護自己的方法。

噹──噹──噹──噹──
放學時間到了。
一年一班有七個要好的同學
興高采烈的走出校門。

佑介

小翔

百合

2

「再——見——」「明天見啦！」

小豐

大和

美紀

香織

無論什麼時候，香織都悠悠哉哉、自自在在的閒晃著。

從學校回家的路上，香織跑去和洋子家的貓咪小玉玩。

「今天你也玩得很過癮吧！小玉，明天見囉！」

正當香織和小玉道別的時候……

在上學或放學途中遇到地震的話……

❶ 水泥牆和自動販賣機會怎麼樣？
❷ 牆頭上的盆栽會怎麼樣？
❸ 正在騎腳踏車的話，該怎麼辦？
❹ 要躲到哪裡才好呢？
❺ 當搖晃停止時，該怎麼做比較好呢？

放學途中，除了橋、平交道、十字路口這些平常就比較危險的地方外，水泥牆、
自動販賣機、電線桿等，在地震時也會具有危險性。平時就先帶著孩子一起走過
並確認一遍吧！遇上地震時的避難場所（行道樹下或公園、空地等空曠的地方）
與其他的回家路徑，也請先帶著孩子一起走一次。

5

轟隆轟隆轟隆

喀鏘——啪啷——
盆栽從牆頭上
掉下來了。

「地震！」
香織把書包頂在頭上，
離開了水泥牆。

在放學途中遇到地震就這樣做！

❶ 趕快離開水泥牆或自動販賣機。
❷ 小心掉落下來的盆栽等物品，用書包或包包保護頭部。
❸ 小心路上的汽車、機車和腳踏車。
❹ 逃向公園、空地等空曠的地方。
❺ 向附近的大人求救。

吱吱

阿姨的腳踏車
好像快撞上來了！

給家長的話
孩子可能遇到的
危險與自保的方法

地震來臨時，孩子在回家路上會面臨的危險有：容易坍塌的水泥牆、自動販賣機或招牌等容易掉落的物品。在住宅區裡也可能遇到被震落的屋瓦、窗玻璃、裝在戶外的冷氣機、電線桿上斷掉而垂落的電線等物品；還可能在路上被控制不住的機車或汽車撞上。震度較大時，可能會產生地面裂開、噴出泥水的液化現象，也可能發生火災。總之，請預先教導孩子地震時要一邊護住頭部，一邊注意周遭變化，逃往空曠的地方；並向周遭的大人求救。

個性堅強的佑介，一個人看家。

當佑介要開始打電動的時候⋯⋯

獨自在家
遇到地震
的話⋯⋯

❶ 電視機和書架會怎麼樣？

❷ 東西開始掉落下來的話，該怎麼辦？

❸ 玻璃被震碎的話，該怎麼辦？

❹ 當搖晃停止時，該怎麼做比較好呢？

❺ 如果附近有爐子或爐灶的話，該怎麼做才好呢？

首先，以小朋友平視的高度為基準，確認物品擺放的位置（例如電話被震飛的話，可能會砸到小朋友的頭）。其次，決定好各個房間的避難空間，選擇不會被倒下家具壓到的位置（例如堅固的桌子下等處）。接著，固定家具並且預防玻璃飛散。將衣櫥、書架、照明器材固定住，電器用品也用黏著墊固定。而最重要的一件事，就是要確保房屋不會因地震而倒塌。請預先找專業單位進行耐震度檢測，需要時應進行耐震補強。

眼前的電視機
喀答喀答搖晃。

轟隆轟隆轟隆

「啊──」
當電視被震離架子時，
佑介把椅墊壓在頭上，
蜷縮成一團。

獨自在家
遇到地震
就這樣做！

❶ 趕快離開電視、書架、衣櫥、廚房裡的冰箱等物品。
❷ 躲到安全的桌子下，用椅墊和手保護頭部。
❸ 穿上拖鞋，以免被碎玻璃割傷。
❹ 打開門，向大人求助。
❺ 還在搖晃的時候，不要靠近爐子或爐灶。萬一爐子倒塌了，趕快逃出去，向大人求救。

喀鏘！

花瓶掉下來了！

房子發出吱吱嘎嘎的聲響。

地震時，室內的危險物品是倒下的家具、掉落的燈具和四處飛散的破碎餐具或玻璃；遇到強震時，電視、衣櫥、鋼琴等較重的物品也可能被震離原位；耐震性比較低的房屋甚至可能因此毀壞。由於地震後也可能有發生火災的危險，請一併教導孩子：在停止搖晃後，無論如何先保護好頭和腳，逃往安全的地方，和其他大人在一起。

百合是個性溫柔的小女孩。
她想到班上養的倉鼠還沒有餵，
於是又回到了學校。

教室裡只有百合一個人。
當她把飼料放入籠子裡
的時候……

在教室裡
遇到地震
的話……

❶ 要躲到哪裡比較好呢？
❷ 可能倒下或掉落的東西有哪些？
❸ 窗玻璃可能會怎麼樣？
❹ 當搖晃停止時，該怎麼做比較好呢？
❺ 可以直接回家嗎？

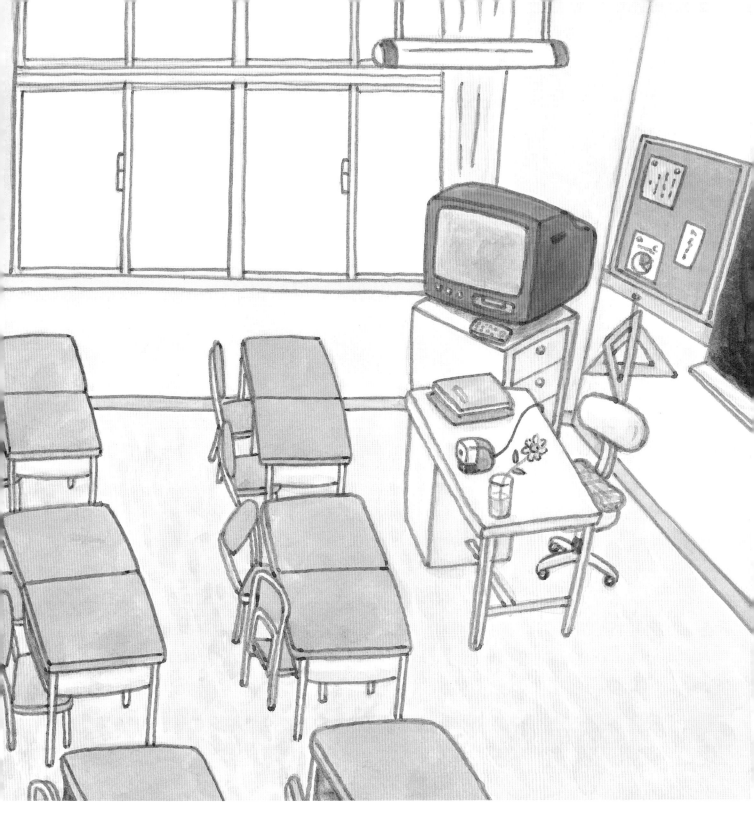

給家長的話
平時就能預先做的事

老師在的時候，就依照老師的指示避難。如果是放學後一個人在教室的情況，請教導孩子一定要先保護頭部，等搖晃停止後依據平時老師教導的避難路線至指定的避難場所集合。請告訴孩子，無論是拿忘了帶回家的東西或是其他情況，放學後再返回學校一定要先和還在學校的老師打過招呼。地震時，學校不會讓小朋友單獨回家，到校接孩子是必要的；地震後，應先與學校聯絡，了解狀況。還有，孩子可能會被詢問到緊急聯絡人或緊急聯絡網相關事項，也請確認孩子知道應對的方法。

「地震！」

百合鑽到了

桌子底下。

在教室裡
遇到地震
就這樣做！

❶ 鑽到桌子底下，並且緊握桌腳。
❷ 避開日光燈正下方的位置，並且遠離電視和講桌。
❸ 趕快離開窗邊與水槽。
❹ 小心碎玻璃，到指定避難地點。
❺ 注意校內廣播，聽從老師的指示。

天花板上的日光燈搖晃著，
窗玻璃也被震得喀啦喀啦響。

給家長的話
孩子可能遇到的
危險與自保的方法

地震時，在教室內可能遇到的危險有：日光燈與破碎的窗玻璃掉落、電視和桌椅翻倒；遇上強震時，放掃除用具的櫥櫃和水槽等可能會被震倒，牆壁也可能出現裂縫。請教孩子這時候要一邊護住頭部，一邊留意地上散落的破碎物避難。「老師能確認小朋友所在位置是否安全」是很重要的認知，也請預先教導孩子：如果還在校內不要隨意自行返家，先到指定避難地點、注意校內廣播，聽從老師的指示是很重要的。

15

在公園裡
遇到地震
的話……

❶ 正在爬上攀登架或滑梯時，會怎麼樣？
❷ 正在玩鞦韆或蹺蹺板的話，會怎麼樣？
❸ 要逃往哪裡比較好呢？
❹ 當搖晃停止時，該怎麼做比較好呢？
❺ 可以直接回家嗎？

小豐和大和在附近的公園。

小豐的腳掛在攀登架上，大和正在溜滑梯。

這個時候……

給家長的話
平時就能預先做的事雖然公園裡的遊樂器材在地震時可能會有危險性，但一般而言，公園是地震時的指定避難地，基本上是個安全的地方。請告訴孩子：地震時不要跑出公園，待在公園內空曠的地方等大人來接。所以，平時要讓孩子養成習慣，出門玩之前，預先告知大人同行小朋友的姓名與預定回家的時間。而為了能在緊急時順利聯絡，也要有預先準備家庭防災卡（如本書第31頁示範）和零錢、電話卡的習慣。

轟隆轟隆轟隆

「哇——」

攀登架搖搖晃晃的震動著，

小豐好像快要掉下來了！

在公園裡
遇到地震
就這樣做！

❶ 好好抱緊可抓的固定物品，才不會從攀登架或滑梯上跌下。
❷ 觀察搖晃的情況，找機會盡快遠離遊樂器材。
❸ 蹲在不會有東西掉下來的地方。
❹ 請周圍的大人幫忙和家人聯絡。
❺ 不要自己回家，留在原地等待家人前來。

大和想都沒想
就躲到滑梯底下。

給家長的話
孩子可能遇到的
危險與自保的方法
地震時，公園裡的危險物品有：攀登架、滑梯、爬竿等高的遊樂器材，鞦韆、蹺蹺板、中空旋轉地球儀等會晃動的遊樂器材可能會掉落；只有柱子支撐的亭子或藤架也可能有倒下的危險。要教導孩子：感覺到搖晃時，趕快離開遊樂器材和路燈，往空曠的地方移動。等搖晃平息後，待在原地等家人來接。

活力十足的美紀，
因為幫忙跑腿，正待在超市裡。

美紀的籃子裡有一袋胡蘿蔔。
她找到了要買的咖哩塊，正要走向收銀員時⋯⋯

在超市裡
遇到地震
的話⋯⋯

❶ 貨架和商品會怎麼樣？
❷ 要怎麼做才能保護頭部呢？
❸ 可以快跑逃走嗎？
❹ 如果大家都驚慌的逃出時，要怎麼辦？
❺ 向誰求助比較好呢？

給家長的話
平時就能預先做的事

遇到地震時，超市內有許多容易翻倒、掉落、散亂一地的商品，烹調處也有引發火災的可能。讓孩子幫忙跑腿時，先明確告訴孩子什麼東西能在哪裡拿到、走哪一條走道可以到，並說明店內的方位，讓孩子預先掌握這些訊息是很重要的。由於每家超市的防災應變水準與意識各不相同，平日購物時，就要預先帶著孩子認識超市內危險的場所和緊急逃生口。

「啊——」

美紀把籃子戴在頭上離開貨架。

咖哩塊和高湯塊都掉了下來。

在超市
遇到地震
就這樣做！

❶ 貨架和商品都有掉落或倒下的可能，趕快離開貨架旁。
❷ 把籃子反戴在頭上以保護頭部。
❸ 不要慌張的往出口跑。
❹ 小心不要被驚慌的大人踩到。
❺ 向身邊的大人或店員求救。

給家長的話
孩子可能遇到的
危險與自保的方法

地震時，商店內危險的是懸掛的看板、商品掉落和陳列架倒下；掉到地上的瓶罐
殘片和碎玻璃也可能四處飛散。趕快離開陳列架、將手邊的籃子反戴在頭上是保
護頭部的方法之一；萬一停電的話，電燈會熄滅、手扶梯會突然停止、電梯門會
關上、烹調處也可能發生火災。告訴孩子這時候不要陷入慌張驚恐的情緒，聽從
店員的指引進行避難。

23

小翔向來一回到家，
就會帶著小狗可魯出門去散步。
正當他們走在平常喜愛的海濱道路上時……

在海邊
遇到地震
的話……

❶ 在地震過後，海邊會發生什麼事呢？
❷ 要躲到哪裡才好呢？
❸ 聽到警報笛音時，該怎麼辦？
❹ 躲起來之後要怎麼做呢？
❺ 可以直接回家嗎？

24

給家長的話
平時就能預先做的事

在海邊感覺到地震後，最重要的是要警戒海嘯。有時海嘯會經由身體感覺不到，卻發生在遠處的地震所引發。為了能確實警戒海嘯來襲，在海邊的時候，最好能透過收音機隨時收聽防災無線電臺節目；在海裡玩或釣魚等沒辦法拿著收音機的時候，要教導孩子海邊警報聲代表的意義；釣魚時也不能少帶救生衣。預先確認政府指定的海嘯避難所與海嘯避難大樓的地點、代表標誌、前往的指標地圖是很重要的。

轟隆轟隆轟隆

嗚——嗚——嗚——

警報聲響起了！

慢跑的叔叔大叫：「地震！說不定會引起海嘯！」

小翔帶著可魯往高處跑。

在海邊
遇到地震
就這樣做！

❶ 地震之後說不定會引發海嘯，無論如何先盡快離開海邊。
❷ 爬到高處或大樓的三樓以上。
❸ 在海邊聽到海嘯警報時，要盡快逃離。
❹ 還沒有被告知「海嘯警報已解除」之前，不要離開避難場所。
❺ 請附近的大人協助聯絡家人，請家人來接你。

給家長的話
孩子可能遇到的
危險與自保的方法

想在海嘯中保命，最重要的就是快速避難。請預先教導孩子注意以下事項：① 海嘯的速度非常快，即使最慢的海嘯也可能比高速公路上行駛的汽車快，什麼東西都不要拿，先趕快逃！② 「海嘯來臨之前潮水後退」的現象不是必然的，海嘯的第一波也可能沒有任何預兆就突然來襲。③ 離開河邊與下水道的圓形孔蓋，因為就算離開了海邊，海嘯也可能使河水與下水道的水逆流。④ 海嘯是會重複的，海嘯可能會有第二波、第三波襲擊，在警報解除之前都要待在避難場所。

27

地震的搖晃終於停止了……

香織

佑介

百合

小豐

大和

美紀

小翔

每一個人都平安無事。
大家也都和家人相聚了。
啊,真是太好了!

「地震好可怕喔！震度好像達到五級了呢⋯⋯」

「我照著老師教的方式做了唷！」

「現在你就算獨自一人也會好好保護自己了呢！真了不起！」

現在，你已經知道，

遇到地震時，該怎麼做才好了！

給家長的話　為了能讓孩子平安歸來

　　在這本繪本中的一年一班的七個孩子，分別在放學途中、家裡、教室內、公園、超市裡、海邊等六個不同的地點經歷了五級地震。雖然遇到的狀況不同，但小朋友們各自採取了適當的自我保護措施，因此平安的和家人團聚了。為了能在現實生活中也有同樣圓滿的結局，平時預先建立起家人間彼此的緊急聯絡網是很重要的。

■聯絡方法

　　當孩子不在自己身邊時遇上了地震，父母第一個反應，就是擔心小朋友的安危。預先和孩子約定好與家人的聯絡方式也是很重要的事。實際遇上地震時，電話是否能接通，往往會因區域而各自不同，除了打電話以外，也預先讓孩子多想幾種其他的聯絡方式。

●小朋友也能做到的聯絡方式：

①撥打親人的聯絡電話或家中電話。　　②打電話到就讀的小學，說明自己現在的所在地點。
③拜託住在附近的熟人傳話。　　④在家門口（內）貼留言便條紙。
⑤本區電話不通時，試著聯絡住在外縣市的親友，請他們代為傳話。
⑥使用內政部消防署「1991報平安留言平臺」。

> ★災害時「1991報平安留言平臺」使用方法：
>
> 　　內政部消防署為了因應災害發生後親友互報平安之緊急通訊需求，建置「1991報平安留言平臺」，包含「1991報平安語音留言專線」及「1991報平安網路留言板 http://www.1991.tw」。當遇重大災害時，如果正好與家人失聯，不妨考慮這個方法。平日可以讓孩子在家中練習使用報平安留言平臺的方法（如何撥打及留言，說明自己所在的地點、目前情況與身旁是否有同伴或成年人），也可以將報平安簡訊的內容先製成小卡或存入手機內。

■等待

　　為了防止各種方式都無法取得聯絡的狀況，預先和孩子一起決定好等待家人的地點是非常重要的。也要先選好能夠通往等待地點的安全路徑，實際帶孩子走過，才能避免孩子在慌亂中走錯路或迷路。

●適合成為等待地點的範例

　　附近的公園、運動場、學校、各縣市所規畫的災民收容所等，選一個孩子最容易了解到達途徑的地點吧。另外，也要預先約好確切的碰面地點（例如公園北邊出口的長凳旁）。

家庭防災卡（可以直接影印這一頁利用）

　　此卡為教育部為遇到重大災害時，幫助家長與學生聯繫用的家庭防災卡，卡片上寫下受災時之緊急集合點、本地及外縣市的聯絡人資訊及1991報平安臺約定電話，平時讓孩子帶在身上。由於擔心個資外洩，故建議在聯絡人一欄填寫稱謂，降低遺失後被詐騙的風險。當孩子獨自一人遇到災害時，這張卡就非常有用，不只孩子，全家人都可以隨身攜帶這張卡，或是存放家中明顯之處，如電話旁、冰箱上等地方。

家庭防災卡

| 班　級： |
| 學（座）號： |

●緊急集合點
（地震與火災）住家外：＿＿＿＿＿＿
　　　　　　　社區外：＿＿＿＿＿＿
（颱洪／坡地）社區內：＿＿＿＿＿＿
　　　　　　　社區外：＿＿＿＿＿＿

●緊急聯絡人（本地）　　●緊急聯絡人（外縣市）
稱謂：＿＿＿＿＿　　　　稱謂：＿＿＿＿＿
手機號碼：＿＿＿　　　　手機號碼：＿＿＿
電話（日）：＿＿　　　　電話（日）：＿＿
電話（夜）：＿＿　　　　電話（夜）：＿＿

●災民收容所（緊急安置所）
地址：＿＿＿＿＿
電話：＿＿＿＿＿
　註：可洽詢住家所在地鄉鎮市公所人員或網站、「內政部社會司」網站、各縣市政府、社會局（處）或消防局網站中取得，若所在地公所已經就災害類別區分不同避難處所，則應分災害類別填寫不同資料。

●1991留言平臺約定電話：＿＿＿＿＿
　註：約定電話為方便親友記憶使用，事先約定好的電話號碼，以家戶電話（含區域號碼）或手機號碼為佳。如為市話02-2344-XXXX，請按022344XXXX。如為行動電話0912-345-XXX，請按0912345XXX。

範例　家庭防災卡

| 班　級：1年1班 |
| 學（座）號：　10 |

●緊急集合點
（地震與火災）住家外：住家旁小公園的噴水池
　　　　　　　社區外：○○國小操場東邊花園邊
（颱洪／坡地）社區內：自家公寓四樓公共區域
　　　　　　　社區外：災民收容所（扳搖國小）

●緊急聯絡人（本地）　　●緊急聯絡人（外縣市）
稱謂：大伯父　　　　　　稱謂：小阿姨
手機號碼：0912-123-456　手機號碼：0934-345-678
電話（日）：02-2987-6543　電話（日）：04-2334-4556
電話（夜）：02-2765-4321　電話（夜）：04-2667-7889

●災民收容所（緊急安置所）
地址：扳搖國小（扳搖區文化路1段23號）
電話：02-2968-6834＊152
　註：可洽詢住家所在地鄉鎮市公所人員或網站、「內政部社會司」網站、各縣市政府、社會局（處）或消防局網站中取得，若所在地公所已經就災害類別區分不同避難處所，則應分災害類別填寫不同資料。

●1991留言平臺約定電話：02-2345-6789
　註：約定電話為方便親友記憶使用，事先約定好的電話號碼，以家戶電話（含區域號碼）或手機號碼為佳。如為市話02-2344-XXXX，請按022344XXXX。如為行動電話0912-345-XXX，請按0912345XXX。

監修者的話

東京大學生產技術研究所教授 | **目黑公郎**

　　如果說，教育的目的是讓剛出生的寶寶能透過學習，逐漸懂得建構幸福人生的方法；那麼，孩子學習到的防災知識是否充足呢？關於避開災難的方法、在不得已遇到災難時的場合如何保住性命、將傷害控制在最低限度範圍的方法，孩子們都有持續學習嗎？

　　目前，日本正迎向地震活動頻繁的時期。往後的三十年、五十年，是孩子們正開始豐富人生的階段。然而，在這段期間內，日本被多次巨大地震襲擊的可能性相當高。

　　從地震的規模（里氏地震規模）和發生頻率（次數）的關係來看，除了受害規模大的地震，已經得知有許多震央較遠的小規模地震正不時發生。所以，在大規模強震來臨前，有效利用4至5級等較弱地震的晃動感，引導孩子想像將來一定會面臨的巨大強震與可能發生的各種狀況，並且懂得採取對策是很重要的。這也是這本繪本的出版目標。

　　讀這本書時，請帶著孩子一起想像在地震時可能遇到的各種狀況，試著讓孩子思考「這個時候該怎麼辦？」並教導孩子自保的方法。希望藉由這本繪本作為開端，讓生活在有地震災害的孩子們，都能領會創造幸福人生的方法。

審訂者的話

中央大學地球科學系教授
國家災害防救科技中心地震災害防治組共同召集人 | **溫國樑**

　　近年來全球各地地震災害頻傳，無法預警的地震災害所帶來的結果，除了財產的損失，無不造成人們身體及心理上莫大的傷害。先前2010年3月甲仙地震時，許多南部國小低年級學生，被突如其來的地震，嚇到不知所措，有些學生還因驚慌而哭泣，但有些學校平日就推廣防災教育，反而能快速疏散至安全地點，家長都稱讚學校應變得當，故平日準備好防災工作，便可在受災時臨危不亂、減少損害。

　　國小以下的兒童，是災害發生時最弱勢之族群，獨自一人時，更容易因地震時驚慌失措而不知如何是好，一旦受傷容易危及生命，如能事先在此階段建立災害應變之技能，便能大大降低兒童受傷的機率。此繪本中提到各類兒童獨自面臨之情境，並建議家長可教育兒童避災之方式，如能由家長帶領學習並加以演示，更能提升全家之應變能力。最後融入國家目前推廣的「家庭防災卡」及「1991報平安留言平臺」，透過家長與兒童一起討論及演練的方式，可將防災應變的正確觀念融入生活中。

　　多一分準備，則少一分損失，也少一份擔心，「安全」就自然來臨，是本書所希望傳達的最大目標。

文｜國崎信江

日本神奈川縣出生。擔任危機管理對策顧問、隸屬日本內閣府之「防災教育挑戰計畫」實行委員。持續以女性與兒童觀點的角度進行防災研究。著作有《從地震中保護自家孩子的防災書》、《保護孩子免於犯罪行為侵害的50種方法》（以上由日本青銅新社出版）；《兒童地震生存手冊》、《我住的城鎮地震了！》（以上由日本白楊社出版）等。

圖｜福田岩緒

日本岡山縣出生。畫家、日本兒童出版美術家聯盟會員。畫風溫柔而充滿暖意。作品《電車噹噹噹》曾榮獲日本繪本獎、其他作品有：《放屁萬歲》、《小聰和野貓》（以上由日本白楊社出版）；《爸爸的鄉下》、《第一次家庭訪問》（以上由日本KUMON出版社出版）；《夏天遺忘的事》（日本文研社出版）等。

監修｜目黑公郎

日本福島縣出生。中央防災會議專門委員、東京大學生產技術研究所教授，專攻都市震災減輕工學。為了讓大家更能想像災害來臨時的實際情況，提倡自行創立的「目黑方法」、「目黑卷」。監修的書籍有《說說關於地震的事吧》（日本自由國民社出版）、《東京大地震生存地圖》（日本旬報社出版）、《我住的城鎮地震了！》（日本白楊社出版）等。

翻譯｜鄧吉兒

求學時期念了日文，在某次上學遲到途中，跟在白兔先生的尾巴後一頭栽進童書的世界。目前住在兔子洞裡，偶爾推著車出來販賣文字。翻譯過許多好玩的書（有的會讓你笑到肚子痛，有的會讓你用掉一包面紙），作品數量超過自己的年齡，希望有機會能超過體重。

審訂｜溫國樑

中央大學地球科學系教授，專長為強震地動學研究。目前為國家災害防救科技中心地震災害防治組之共同召集人，臺北市災害防救專家諮詢委員會地震組委員。曾任防災國家型科技計畫辦公室地震研究群召集人，行政院災害防救專家諮詢委員會地震組委員，持續參與臺灣之地震防災工作。

精選圖畫書
地震了！這個時候該怎麼辦？

文：國崎信江｜圖：福田岩緒｜監修：目黑公郎｜翻譯：鄧吉兒｜審訂：溫國樑

總編輯：鄭如瑤｜文字編輯：鄧吉兒｜美術編輯：張雅玫
社長：郭重興｜發行人兼出版總監：曾大福
出版與發行：遠足文化事業股份有限公司．小熊出版
地址：231新北市新店區民權路108-3號6樓｜電話：02-22181417｜傳真：02-86671065
劃撥帳號：19504465｜戶名：遠足文化事業股份有限公司
客服專線：0800-221029｜E-mail：littlebear@bookrep.com.tw｜Facebook：小熊出版
讀書共和國出版集團網路書店：http://www.bookrep.com.tw

印製：漾格科技股份有限公司｜法律顧問：華洋國際專利商標事務所／蘇文生律師
初版一刷：2012年3月｜二版一刷：2017年7月｜二版四刷：2020年10月
定價：300元｜ISBN：978-986-94946-2-5

小熊出版讀者回函